BEI GRIN MACHT SICH IHR WISSEN BEZAHLT

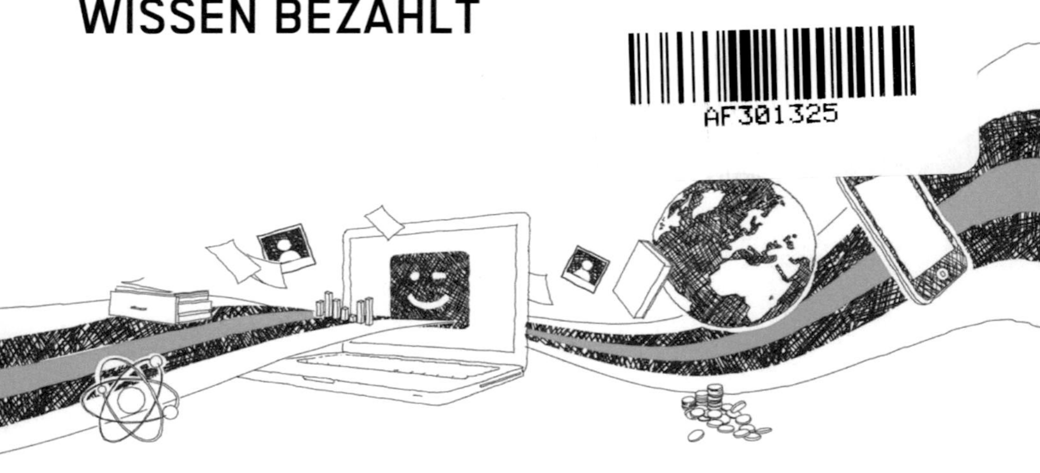

- Wir veröffentlichen Ihre Hausarbeit, Bachelor- und Masterarbeit

- Ihr eigenes eBook und Buch - weltweit in allen wichtigen Shops

- Verdienen Sie an jedem Verkauf

Jetzt bei www.GRIN.com hochladen und kostenlos publizieren

Michel Stark

Analyse einer Kinderzeichnung aus kunstpädagogischer Sicht

GRIN Verlag

Bibliografische Information der Deutschen Nationalbibliothek:

Die Deutsche Bibliothek verzeichnet diese Publikation in der Deutschen National-
bibliografie; detaillierte bibliografische Daten sind im Internet über http://dnb.d-
nb.de/ abrufbar.

Impressum:

Copyright © 2009 GRIN Verlag, Open Publishing GmbH
Druck und Bindung: Books on Demand GmbH, Norderstedt Germany
ISBN: 978-3-656-19641-9

Dieses Buch bei GRIN:

http://www.grin.com/de/e-book/194263/analyse-einer-kinderzeichnung-aus-kunst-
paedagogischer-sicht

Analyse einer Kinderzeichnung

Inhalt

1. Die Funktion der Kinderzeichnung

Dass Kinderzeichnungen nicht bloß wertlose Produkte eines kindlichen Zeitvertreibs sind, hat die mittlerweile seit über 100 Jahren bestehende Forschung in diesem Gebiet bereits bewiesen. In diesem langen Zeitraum beschäftigte man sich hauptsächlich mit der Analyse und der Interpretation von Kinderzeichnungen, um ein Entwicklungsmodell der Zeichenfähigkeit zu entwerfen oder eine psychologische Deutung der Bilder vornehmen zu können. Worin aber besteht die eigentliche Funktion von Kinderzeichnungen?

Die Funktion lässt sich aus zwei verschiedenen Perspektiven schildern: der des Kindes und der der Lehrenden oder der Eltern, die für das Kind verantwortlich sind. Hans-Günther Richter führt zu der Kinderzeichnung aus, dass es sich bei der kindlichen Bildnerei um ein eigenes Sprachsystem handelt, welches über ein eigenes Vokabular und eine eigene Grammatik verfügt, die wiederum erst erlernt werden müssen, um eine Einsicht in das Bild des Kindes zu gewinnen. Sind aber diese Kenntnisse vorhanden, so kann die Kinderzeichnung für die Lehrenden einen „echten" Einblick in die kognitive und affektive Verfassung des Kindes vermitteln.[1]

Für das Kind hingegen kann laut Alfred Bareis die Tätigkeit des Zeichnens und Malens eine Hilfe sein, um Wirklichkeitserfahrungen und Erlebnisse aus seinem Alltag verarbeiten zu können. Dabei kann sich das Kind nicht nur mit seiner Umwelt, sondern auch mit seiner Fantasiewelt auseinandersetzen und seiner individuellen Sichtweise mithilfe des Zeichnens Ausdruck verleihen. Das Zeichnen und Malen ist in diesem Sinne ein wichtiges Ausdrucks- und Darstellungsmittel. Zudem werden durch die Kinderzeichnung die feinmotorische Entwicklung und der Differenzierungsgrad der Wahrnehmung des Kindes offen sichtbar.[2]
Constanze Kirchner hebt, ähnlich wie Bareis, besonders die Funktion der Kinderzeichnung als Ausdruck des inneren Erlebens hervor. Das Erlebte wird dabei von dem Kind während des Zeichnens zunächst organisiert und strukturisiert und dann symbolisiert.[3] Somit reflektiert das Kind seine Erlebnisse und verleiht seiner individuellen Sichtweise der Ereignisse oder Beziehungen seinen spezifischen bildnerischen Ausdruck.

---

[1] vgl. Richter (1987) S. 13f.
[2] vgl. Bareis (2006) S. 9.
[3] vgl. Kirchner (2007) S. 15.

2. Die Rahmenbedingungen zur Entstehung der Kinderzeichnung

2.1. Die allgemeine und individuelle Situation des Kindes

Der Zeichner des Bildes ist Moritz. Er ist 7 Jahre alt und geht in die erste Klasse einer privaten Ganztagsschule in Rostock-Kassebohm, die einen Schwerpunkt auf die Kreativitätsentwicklung legt. Moritz ist Linkshändler. Er zeichnet nicht außergewöhnlich gerne und auch nicht besonders viel, sondern spielt lieber draußen an der frischen Luft. Sein Interesse gilt mehr sportlichen und musischen als bildnerischen Tätigkeiten. Er interessiert sich außerdem für Naturwissenschaften. Zu dem Zeitpunkt der Zeichnung war es Herbst und „Leonardo da Vinci" ein Inspirationsthema an der Schule, was bedeutet, dass versucht wurde, in jeden Unterricht einen Bezug zu dem Künstler und seinem Werk einzubauen. Themen waren unter anderem die Erfindungen da Vincis, darunter auch die Entwürfe von Fluggeräten.

2.2. Der Gestaltungsanlass

Während meines Hauptpraktikums haben die Kinder der ersten Klasse, die ich über einen Zeitraum von 4 Wochen in fast jeder Unterrichtsstunde begleitet und auch unterrichtet hatte, in einer Freiarbeitsstunde zum Abschied ein Bild für mich gezeichnet. Die Zeichnung von Moritz stammt aus dieser Freiarbeitsstunde, wurde also im schulischen Rahmen erstellt. Das Bild stellt aber dennoch auch ein Geschenk dar und ist von Beginn an als solches konzipiert gewesen. Die Motivation zu der Anfertigung der Zeichnung war daher zu einem bestimmten Teil intrinsisch und zu einem anderen Teil extrinsisch gegeben.

3. Die materielle Untersuchung

3.1. Das Bildmotiv

Das Bild zeigt ein Haus mit einer Tür, 4 Fenstern, 2 Etagen und einem Spitzdach. Das Haus nimmt den größten Teil des Bildes ein und befindet sich ziemlich in der Mitte des Bildes. Vor dem Haus steht Moritz, der in der linken Hand eine Drachenschnur festhält, an welcher ein Drachen befestigt ist, der in der oberen rechten Ecke des Blattes unter der Sonne schwebt. Direkt über dem Haus ist ein Regenbogen zu sehen, der nur das Haus und Moritz, der davorsteht, wie eine zweite Hülle umschließt. Links neben dem Haus befindet sich ein Laubbaum. Der Boden ist von einem grünen Rasen bedeckt. Am oberen Bildrand sind viele Wolken zu sehen, aus denen es heraus regnet. Die Regentropfen bedecken das ganze Bild. Nur das Haus wird nicht nass. In der oberen rechten Ecke ist die Sonne zu sehen.

Das Bildmotiv beinhaltet vor allem zwei Elemente: Das Motiv des Drachensteigens und das Motiv der Entstehung eines Regenbogens. Das Drachensteigen entstammt zu großer Wahrscheinlichkeit der Beschäftigung mit Da Vinci und seinen Fluggeräten. Auch habe ich

Unterrichtsstunden gegeben, in welchen wir einen Papierflieger gebaut und einen Drachen gemalt haben. Das Drachensteigen kann allerdings auch aus einer persönlichen Erinnerung entstammen. Genau lässt sich das leider nicht mehr feststellen. Die Entstehung des Regenbogens ist ein Element seines persönlichen Interesses und ist eine Verbildlichung dessen.

3.2. Der Entstehungsprozess

Als Moritz das Bild gestaltete, zeichnete er zuerst die Figur im Zentrum des Bildes mit einem Drachen in der Hand. Danach zeichnete er das Haus mit einem Spitzdach um seine Figur herum und zeichnete auch ein Fenster in der oberen Etage ein. Da er gerade die Umrisse des Hauses mit einem gelben Stift auf das Papier gebracht hatte, zeichnete er sogleich auch die Sonne in die obere rechte Ecke des Bildes. Um dann sein Bild weiter zu vervollständigen, umrahmte er seine Figur mit einer Tür. Anschließend gestaltete er ein Fenster über der Tür und zog dann nochmals die unteren Konturen des Hauses mit einem grünen Stift nach, wobei er den unteren Bereich des Hauses und den Giebel mit einer Linie trennte. Nun fügte er eine grüne Wiese als Untergrund hinzu. Dem folgend ließ er mit einem braunen Stift einen Baum links neben dem Haus entstehen. Dabei zeichnete er zunächst die Konturen des Laubwerks gemeinsam mit dem Stamm vor und füllte die Baumkrone nachfolgend mit grün. Dann nahm er einen blauen Stift, mit welchem er Regentropfen um das Haus, den Baum, die Sonne und den Drachen herum entstehen ließ. Um die Regentropfen als solche erkennbar zu machen, fügte er am oberen Rand des Blattes noch blaue Regenwolken hinzu. Anschließend gab er seinem Haus rechts und links neben der Tür noch ein Fenster. Den durch das Zusammenwirken von Regen und Sonnenschein entstehenden Regenbogen zeichnete er abschließend um die Konturen des Hauses herum. Damit hatte er seine Gestaltung abgeschlossen.

3.3. Der Soll-Stand

Nach Hans-Günther Richter müsste sich der 7-jährige Moritz in der Schema-Phase befinden.[4] Die Schemaphase beginnt ab dem 5. Lebensjahr und dauert bis zum 8. oder 9. Lebensjahr an. In dieser Phase entwickelt das Kind ein Bildschema. Das Schema ist eine Darstellungsform, die ein gewisses Maß an Ähnlichkeit mit dem darzustellenden Gegenstand anstrebt und immer wieder für die Gestaltung des Gegenstands verwendet wird. Merkmal der Schemaphase ist unter anderem das Prinzip der Richtungsdifferenzierung im rechten Winkel.

---

[4] Vgl.: Wiedmeier (2008) S. 42.

Dabei werden die Bildelemente rechtwinklig aufeinandergesetzt. Das Prinzip der Richtungsdifferenzierung im rechten Winkel gehört zu der Prägnanztendenz, in welcher die Verwendung des rechten Winkels ebenso bevorzugt wird, um die Dinge so klar wie möglich darzustellen.[5] Ein weiteres Merkmal ist die Transparenz. Das Innere eines Hauses oder eines Schiffes wird dabei in der Zeichnung sichtbar gemacht, um das Innenleben eines Objektes aufzuzeigen. Daneben ist die Bedeutungsperspektive ein ebenso häufig genutztes Gestaltungsmittel in der Schemaphase. Für den Zeichner wichtige Bildelemente werden hervorgehoben, indem diese besonders groß gezeichnet werden. Schließlich ist das exemplarische Detail ist auch ein Element der Schemaphase. Hierbei wird ein Detail genutzt, um Charakterisierungen vorzunehmen. So werden beispielsweise lange Zöpfe als Kennzeichen eines Mädchens oder eine Pfeife als Kennzeichnung eines Mannes verwendet.[6]

Am Ende der vierten Klasse sollte der Schüler in der Lage sein, Menschen in der Seiten- und Frontalansicht sowohl im Stillstand als auch in der Bewegung darzustellen. Dabei sollten auch die Proportionen des Körpers beachtet werden Er soll außerdem gestalterische Mittel zur Darstellung von Räumlichkeit, wie beispielsweise das Kleiner-werden von Objekten in den Raum hinein oder das Verdecken von weiter hinten liegenden durch davor liegende oder stehende Objekte, kennengelernt haben und für eine räumliche Gestaltung nutzen können. Ein weiteres Ziel stellt damit auch die Darstellung von dreidimensionalen Szenerien dar, die in Form eines Schichtbildes produziert werden können sollten. Auch die Darstellung von Bäumen und Tieren sollte für den Schüler in annähernd realistischen Proportionen mit differenzierten Farben möglich sein. Bei der Baumdarstellung sollte das natürliche Wachstum von den Schülern verinnerlicht worden sein. Der Stamm, die Äste und die Wurzeln sollten mit einer Umrisslinie gezeichnet werden können. Auch die Individualität eines jeden Baumes bezüglich seiner Farbe und Form sollte den Schülern bewusst werden. Insgesamt ist es zwar ein Ziel, das individuelle Schema des Kindes durch zielgerichtete Wahrnehmung zu einer zunehmend realistischeren Darstellung zu verändern, jedoch kann es in der Grundschule nicht um ein vollständiges Aufbrechen des kindlichen Schemas gehen, sondern vielmehr um eine Erweiterung desselben.

---

[5] Vgl.: Eid (2002) S. 131.
[6] Vgl.: Bröcher und Siegmund (2010) S. 121.

<u>3.4. Der Ist-Stand</u>

Betrachtet man die Darstellung des Menschen auf dem Bild, so fällt zunächst der „Stecknadelkopf" auf. Die Proportionen zwischen den einzelnen Körperteilen sind nicht stimmig. So ist der Kopf für den Rest des Körpers viel zu klein und die Beine sind zu lang. Beine und Arme wurden mit Strichen gezeichnet. Sie gehen senkrecht vom Körper ab. Die Arme sind dagegen im 45°-Winkel vom Körper weggestreckt. Hier wird vor allem die Prägnanztendenz deutlich: Es wurde auf verwinkelte Arme und Beine zugunsten der Übersicht und Klarheit verzichtet. Die Hände und Füße wurden nur als Kreisformen abgebildet. Details wie Finger oder Fußzehen fehlen folglich. Auch der Kopf lässt wichtige Details vermissen. So sind nur die Augen, die Nase und der Mund zu erkennen. Auf Ohren oder Haare wurde ganz verzichtet. Dafür ist aber der Kopf mit dem „Leiter-Rumpf" über den Hals verbunden, was nicht selbstverständlich ist. Die Figur ist in einer reinen Frontaldarstellung zu sehen. Inwiefern die Füße und Hände in einer Seitendarstellung realisiert worden sind, lässt sich nur schwer beurteilen, da diese ja nur als kreisförmige Gebilde zu sehen sind. Betrachtet man die Gesamtdarstellung des Menschen, so kann man schließen, dass sich Moritz bei der Menschendarstellung noch in einer frühen Schemaphase befindet. Das Schema ist zwar ausgebildet, wird sich aber noch weiterentwickeln müssen, da es einige Details, die für die Gestaltung wichtig sein können, wie beispielsweise die Frisur, noch nicht beinhaltet.

Dasselbe lässt sich über die Baumdarstellung sagen. Das Bildzeichen für den Baum enthält bei Moritz noch keine Äste, Blätter oder Wurzeln. Dafür besteht der Baumstamm aus mehr als nur einem Strich und kann daher wirklich als Stamm statt als Ast identifiziert werden. Die Baumkrone ist mit grüner Farbe gefüllt worden. Das Laubwerk wurde zwar als homogene grüne Masse dargestellt, doch zeigt schon die Umrisslinie ein weniger gleichförmiges Gebilde, das dadurch natürlicher und organischer aussieht.

Die Zeichnung von Moritz ist ein Standlinienbild. Das heißt, dass die Wiese am unteren Bildrand die Linie darstellt, auf welcher die Figur, das Haus und der Baum stehen. Der Himmel mit den Wolken und der Sonne hängt wiederum an der oberen Linie des Blattrands. Räumliche Gestaltungsmittel hat Moritz nicht bewusst verwendet. Allerdings deutet die Gestaltung der Fenster und des Hauses bereits auf den Versuch hin, Räumlichkeit zu erzeugen: Das obere Fenster soll nach innen geöffnet sein und wurde dementsprechend bereits angeschrägt dargestellt. Auch das Haus und zwei der übrigen Fenster zeigen den Versuch eines Schrägbildes und damit der räumlichen Darstellung.

Die Größenverhältnisse der einzelnen Bildgegenstände zueinander sind nicht korrekt. Die Figur ist größer als der Baum und das Haus ragt weit in den Himmel hinein. Auch die Regentropfen sind zum Teil größer als die Hände und Füße der Figur. Moritz hat aber darauf geachtet, dass die Tür größer ist als der davorstehende Mensch und auch die Fenster in dem Haus stehen in einem glaubwürdigen Größenverhältnis zu dem Haus.

4. Notwendige Fördermaßnahmen

Um bei Moritz die Darstellung des Menschen zu optimieren, muss ihm zunächst bewusst gemacht werden, welche Bestandteile der Kopf, die Hand oder der Fuß hat. Er muss erkennen, dass zu einer Hand fünf Finger, zu einem Fuß fünf Zehen und zu einem Gesicht auch Ohren und Haare gehören. Eine Möglichkeit, dies zu erwirken, ist es, sich die Schüler im Spiegel betrachten und beschreiben zu lassen. Dabei müsste die Beschreibung unweigerlich auch die ausgelassenen Elemente enthalten. Genauso ist es möglich, nur Details eines Körpers, zum Beispiel die Hand oder die Ohren, zunächst mit mehreren Sinnen wahrnehmen und anschließend zeichnen zu lassen, um die Schüler speziell für diese Körperteile zu sensibilisieren. Um das Aussehen der Hand oder des Fußes den Schülern bewusst werden zu lassen, könnten die Schüler die Hand oder den Fuß auf ein Blatt Papier auflegen und diesen mithilfe der anderen Hand mit einem Bleistift umfahren. Später würde sich dann die Seitendarstellung anschließen. Um diese zu fördern, ist es möglich durch plastisches Gestalten eine Figur zu formen, diese dann zu drehen und genauer betrachten zu lassen. Auch durch das Nachzeichnen eines durch den Overhead-Projektor produzierten Schattenbildes eines Gesicht- oder Körperprofils können Einsichten in die Seitendarstellung erlangt werden. Generell ist es notwendig, das Schema durch eine bewusste Wahrnehmung aufzubrechen und neue Impulse zu geben.

Das bereits entwickelte Schema zur Baumdarstellung muss bei Moritz ebenso aufgebrochen werden. Dafür ist es sinnvoll, den Schüler Bestandteile eines Baumes auf Fotos und in der Realität anschauen und überprüfen zu lassen. Dann müssten die Wurzeln, Äste und Blätter als Bestandteile auftauchen. Um die Strukturen des Baumstammes zu erfassen, ist es auch möglich, mit Moritz eine Frottage mit der Rinde des Baumes zu erstellen. Diese würde bei einer späteren Betrachtung auch Vergleiche zwischen verschiedenen Bäumen zulassen und die Individualität eines jeden Baumes aufzeigen. Auch die unterschiedlichen Farben der Rinde oder der Blätter werden am besten durch einen direkten Vergleich deutlich. Dabei kann auch die Farbveränderung in den verschiedenen Jahreszeiten berücksichtigt und aufgezeigt werden.

Um Einsichten in die räumliche Darstellung zu erzielen, ist es zunächst notwendig, diese für den Schüler bewusst erfahrbar zu machen. So kann mit einem selbst gebauten Bilderrahmen der Blick für Größenunterschiede von Objekten, die weiter hinten und weiter vorn stehen, geschärft werden. Auch Größenverhältnisse können so erfahrbar gemacht werden. Einfache Experimente, bei welchen die Schüler erklären sollen, was sie sehen, können auch denselben Lerneffekt auslösen, indem die räumlichen Darstellungsmittel in einer spielerischen Situation deutlich gemacht werden. Falsche Größenverhältnisse, wie in diesem Fall zwischen Mensch und Baum, können am besten durch einen direkten Größenvergleich in der Realität aufgeklärt werden. Eine Wahrnehmung muss bewusst ablaufen, damit sie in das künstlerische Tun übersetzt werden kann.

5. Literaturverzeichnis

Bareis, Alfred: Vom Kritzeln zum Zeichnen und Malen. Bildnerisches Gestalten mit Kindern. 12. Auflage. Donauwörth 2008.

Bröcher, Joachim und Siegmund, Michael: Kunst und Lebenswelt: ästhetische Bildung als Handlungsfeld der angewandten Kindheitswissenschaften: 16 Seminarlektionen mit Denkimpulsen und Transferaufgaben. 2. Auflage 2010.

Eid, Klaus u.a.: Grundlagen des Kunstunterrichts. Eine Einführung in die kunstdidaktische Theorie und Praxis. 6. Auflage. Paderborn 2002.

„Kunstunterricht in der Grundschule" hrsg. von Constanze Kirchner. Berlin 2007.

Richter, Hans-Günther: Die Kinderzeichnung. Entwicklung. Interpretation. Ästhetik. Düsseldorf 1987.

Wiedmeier, Manuela: Wenn sich Mädchen und Jungen Gott und die Welt ausmalen: Feinanalysen filmisch dokumentierter Malprozesse. Münster 2008.